Rainbow Buddha Bowls

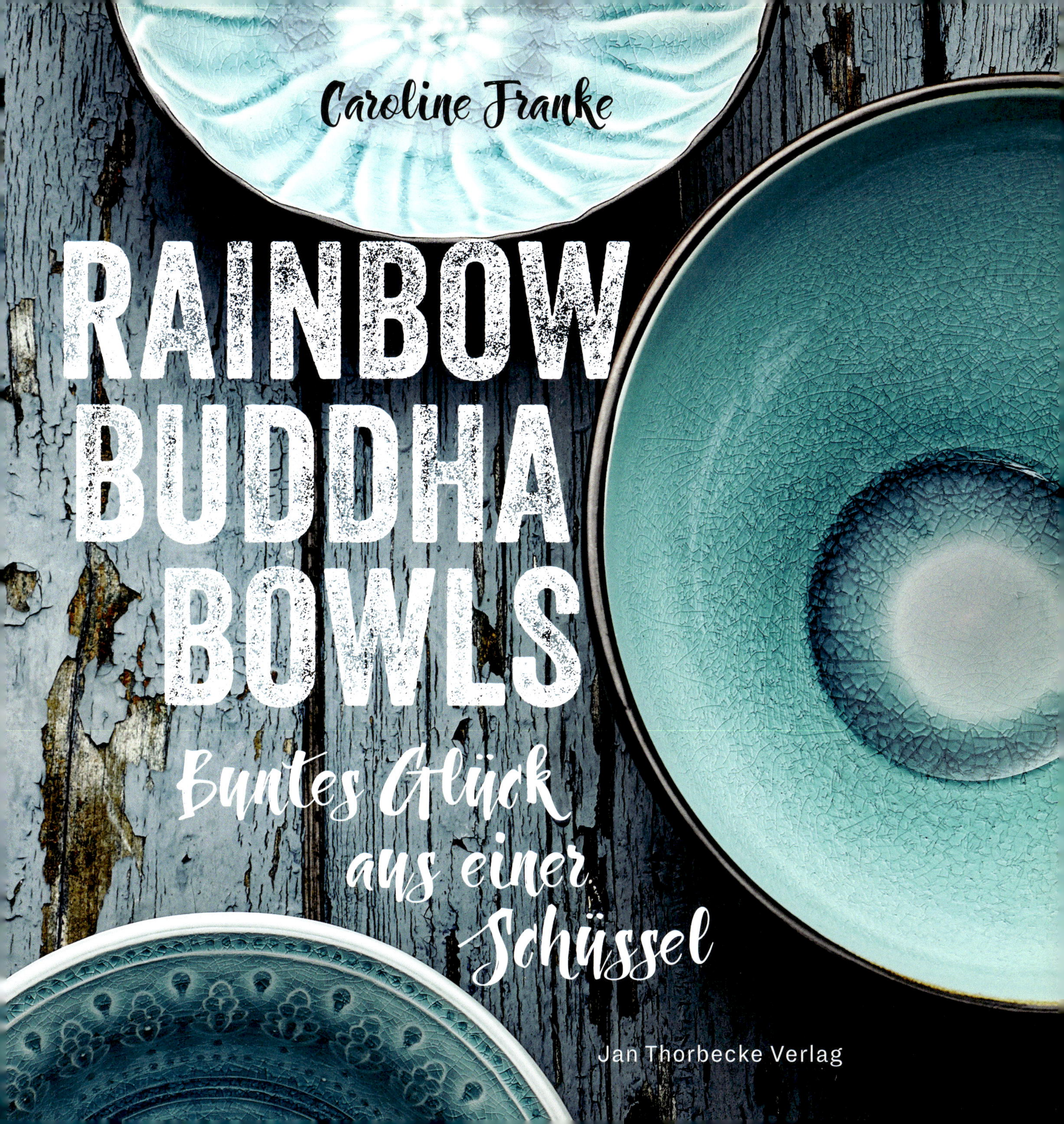

Caroline Franke

RAINBOW BUDDHA BOWLS

Buntes Glück aus einer Schüssel

Jan Thorbecke Verlag

VERLAGSGRUPPE PATMOS

PATMOS
ESCHBACH
GRÜNEWALD
THORBECKE
SCHWABEN

Die Verlagsgruppe
mit Sinn für das Leben

Dank

Wir danken Indiska für das wunderschöne Geschirr, das uns freundlicherweise für die Fotoshootings zur Verfügung gestellt wurde. Indiska ist ein schwedisches Familienunternehmen, das eine einzigartige Mischung aus indisch inspirierter Mode und Einrichtung anbietet. Sie finden Indiska in der Hamburger Meile im Erdgeschoss, Hamburger Str. 27, 22083 Hamburg.

Die Autorin

CAROLINE FRANKE hat 14 Jahre lang als Redakteurin beim Axel Springer Verlag gearbeitet, acht davon bei Deutschlands größter Sonntagszeitung BILD am SONNTAG, für die sie Artikel und Serien mit dem Schwerpunkt Food schrieb. Was sich dort als Interesse herauskristallisierte, wurde im Laufe der Jahre zu einer großen Liebe. So hängte sie ihren Konzernjob an den Nagel und arbeitet seither als Foodstylistin – für Buchverlage, Zeitungen/Zeitschriften und Werbung. Und weil sie in all den Jahren gelernt hat, dass viele Köche den Brei verderben, entwickelt sie mittlerweile ihre eigenen Rezepte – wie diese Bowls! Die Zutaten dafür kann man eins zu eins aufs Leben übertragen: Je bunter, desto besser. Guten Appetit!

Die Fotos

Sämtliche Fotos stammen vom STUDIO SEIFFE, Hamburg. Der Jan Thorbecke Verlag dankt für die freundliche Genehmigung zum Abdruck und die angenehme Zusammenarbeit, insbesondere dem Fotografen Arvid Knoll.

MIX
Papier aus verantwortungsvollen Quellen
FSC www.fsc.org FSC® C043106

Für die Verlagsgruppe Patmos ist Nachhaltigkeit ein wichtiger Maßstab ihres Handelns. Wir achten daher auf den Einsatz umweltschonender Ressourcen und Materialien.

www.thorbecke.de

Gestaltung: Finken & Bumiller, Stuttgart
Fotos: Studio Seiffe, Hamburg
Foodstyling: Caroline Franke, Berlin
Druck: Grafisches Centrum Cuno GmbH & Co. KG, Calbe
Hergestellt in Deutschland
ISBN 978-3-7995-1215-2

Über dieses Buch

Rainbow Buddha Bowls sind mehr als nur ein Foodtrend. Rübergeschwappt aus den USA, gewinnen die fröhlichen Gerichte in Schalen immer mehr an Faszination. Instagram und Pinterest sind voll von bunten Schüssel-Shots, es gibt Foodblogs, Magazine und sogar Restaurants, die ausschließlich Essen in Bowls anbieten.
Der Grund für diesen Hype ist einfach: Eine Buddha Bowl ist prall gefüllt mit gesunden, farbenfrohen Zutaten, die unfassbar gut schmecken. Denn rein darf alles, was Magen, Augen und Geschmack ersehnen: satt machendes Getreide, knackiger Salat, frisches Gemüse, crunchige Nüsse und eine alles verbindende Soße. Fertig ist die Schüssel voller Glück. Und die lässt den klassischen Teller ganz schön alt aussehen.
In eine Schüssel passt mehr hinein, es läuft nichts heraus (falls man sie mal mit auf die Couch nimmt), das Essen bleibt länger darin warm und sie liegt prima in der Hand. Und warum heißt sie jetzt Rainbow Buddha Bowl? Ganz einfach: Weil ihre Zutaten bunt wie der Regenbogen sind und ihre Form sich wölbt wie der Bauch eines satten und zufriedenen Buddhas.
In diesem Buch findet ihr eine Sammlung herzhafter und süßer Bowl-Rezepte, die Löcher in Magen und Seele füllen, also satt, fit und zufrieden machen. In der Warenkunde auf Seite 6 und 7 werden ein paar spannende Zutaten vorgestellt; die eigentlichen Bowl-Rezepte beginnen auf Seite 8. Hinten im Buch stehen ein paar Grundrezepte (auf Seite 62 und 63) für Soßen, Dips und Würzmischungen, die immer wieder in den Gerichten vorkommen und sich sehr gut vorbereiten lassen. Und wenn ihr ein bestimmtes Rezept sucht, hilft euch das Register auf Seite 64.

Viel Spaß beim Kochen und Genießen!

Eure Caroline

Warenkunde

Tempeh
Die mit Schimmelpilzen fermentierten Sojabohnen strotzen vor B-Vitaminen und gesundem, pflanzlichem Eiweiß. Das macht Tempeh – nicht nur für Vegetarier und Veganer – zu einer wertvollen Nährstoffquelle und beliebtem Fleischersatz. Sein nussig-mildes Aroma wird durch scharfes Anbraten verstärkt. Auch gut: Mariniert und kross frittiert.

Quinoa
Glutenfrei, reich an Eiweiß, Eisen, Kalzium und dann auch noch für Low-Carb-Rezepte geeignet – Quinoa ist das Ass unter den Getreidealternativen! Zudem werden die Körnchen vom Körper basisch verstoffwechselt, was ihm vor allem beim Verzehr von säurebildenden Lebensmitteln wie Fleisch, Weizen oder Käse hilft, wieder ein gutes Säure-Basen-Gleichgewicht herzustellen.

Brennnesselsamen
Die Samen der Heilpflanze können im August gesammelt (und natürlich ganzjährig gekauft) werden und enthalten reichlich Eiweiß und Eisen, was sie besonders für sportliche Menschen interessant macht. Sie sollen dem Körper bei der Entgiftung helfen, die Abwehr stärken und Entzündungen hemmen.

Kimchi
Ähnlich unserem Sauerkraut ist das aus Korea stammende, milchsauer vergorene Gemüse (hierzulande meist Chinakohl) eine echte Vitamin-C-Bombe im Winter und wird in seinem Ursprungsland zu fast jedem Essen gereicht. Bei der Gärung entstehende Probiotika wirken positiv auf die Darmflora und so das gesamte Immunsystem. Viel Knoblauch, Chili und enthaltene Senföle machen den Kohl würzig und scharf.

Berberitzen
In der persischen Küche schon lange ein Star, finden die roten Beeren auch hier immer öfter den Weg in Schüsseln und Töpfe. Ihr hoher Vitamin-C-Gehalt macht sie zu einer echten Alternative zu „Superfoods“ wie Gojibeeren. Ihr intensiver, sauer-fruchtiger Geschmack übertrumpft die eher fad schmeckenden Trendbeeren dabei um ein Vielfaches.

Edamame

Sind zum einen die unreif geernteten, grünen Sojabohnen und zum anderen das daraus bereitete japanische Gericht: gekochte, mit Meersalz servierte Schoten, aus denen die Bohnen gepult und als Snack gegessen werden. Bereits geschält (gibt es als TK-Ware im Asiamarkt) können sie ohne Kochen direkt verwendet werden. Sehr proteinreich.

Acaíbeeren

Die kleinen Beeren sind reich an Vitamin C und ähneln optisch den Heidelbeeren, mit deren Fruchtigkeit sie aber so gar nichts gemein haben. Ganz im Gegenteil: Sie schmecken erdig, fast nussig-mild und werden in Brasilien, wo sie herkommen, für Getränke und Sorbets benutzt. Statt stark verarbeitetem Pulver besser TK-Püree kaufen.

Aronia

Wegen ihres hohen Gerbstoffgehalts sind die Beeren roh kaum essbar, ohne dass sich im Mund alles zusammenzieht. Friert man sie jedoch ein oder verarbeitet sie zu Saft oder Kompott, bestechen sie nicht nur durch ihre fruchtige Säure, sondern liefern zudem noch Vitamine – ähnlich traditioneller Pflanzen wie Holunder, Schlehe oder Weißdorn.

Schwarzer Knoblauch

Durch Fermentation verfärbter Knoblauch, der so seine scharfe Strenge verliert, keinen Mundgeruch verursacht und einen süßen, melasseartigen Geschmack besitzt. In Asien wird dieser mit Umami beschrieben und als Ergänzung zum Original benutzt. Eine einzige Zehe soll die Gesundheitswirkung einer ganzen, weißen Knolle haben und sogar antidepressiv wirken.

Chia

Die mohnähnlichen, ballaststoffreichen Körnchen besitzen – wie Flohsamen – die Besonderheit stark zu quellen, sobald sie mit Wasser in Kontakt kommen, was sie in der Küche vielseitig verwendbar macht und der Verdauung gut tut. Plus für Veganer: Chia enthält viel Eiweiß und Fettsäuren, die sonst nur in fettem Fisch vorkommen.

Underground Bowl

1. **Die Schalotten hacken und mit dem Saft und Abrieb einer Limette, 8 EL Olivenöl, dem Apfeldicksaft und dem Dijonsenf zu einem Dressing mischen, mit Salz und Pfeffer abschmecken.**
2. **Die Beten** (am besten mit Küchenhandschuhen) **schälen, hauchdünn hobeln und mit der Soße mischen. Die Zwiebel und den Knoblauch schälen, hacken, in etwas Olivenöl andünsten, den Reis hinzugeben, mit der dreifachen Menge Gemüsebrühe aufgießen und nach Packungszeitangabe kochen, bis die Flüssigkeit vollständig aufgesogen wurde.**
3. **Den Ofen auf 200 °C** (Umluft 180 °C) **vorheizen. Die Sprossen und den Salat waschen und beiseite stellen. Die Kerne ohne Fett rösten und die Kumquats in Scheiben schneiden. Die Möhrchen mit zerstoßenem Fenchel, etwas Olivenöl, Salz und Pfeffer in den Ofen schieben und 10 Minuten rösten.**
4. **Den Reis vom Herd nehmen, den restlichen Limettensaft unterrühren. Die Wildkräuter in einer Schüssel mit einem Schuss Olivenöl und etwas Salz vermengen, auf vier Schüsseln verteilen. Die Beten und den Reis zu gleichen Teilen dazu anrichten. Darauf je ein paar Möhren setzen, mit Sprossen, Kumquats und Kernen garnieren.**

Zutaten für 4 Portionen

2 kleine Schalotten
Saft von 2 Limetten + Abrieb von 1 Bio-Limette
Olivenöl (zum Braten geeignetes)
1 EL Apfeldicksaft
1 TL Dijonsenf
Meersalz und frisch gemahlener Pfeffer
je 1 Knolle gelbe und marmorierte Bete
1 Zwiebel
2 Knoblauchzehen
240 g Wildreismischung
Gemüsebrühe (Rezept siehe Seite 63)
4 EL Sprossen
4 Handvoll Wildkräutersalat
4 EL Kerne
12 Bio-Kumquats
400 g Minimöhren
2 TL zerstoßene Fenchelsamen

Zubereitungszeit

ca. 55 Minuten

Jerusalem Bowl

1. **Für diese Bowl müssen zuerst die Falafel vorbereitet werden. Hier müssen 14 Stunden Einweichzeit und mindestens 2 Stunden Ruhezeit einkalkuliert werden!**
2. **Den Backofen auf 200 °C** (Umluft 180 °C) **vorheizen. In der Zwischenzeit die Haselnüsse hacken. Die Kokoschips ohne Fett in einer Pfanne bräunen, herausnehmen, die Haselnüsse in diese Pfanne geben und rösten. Zur Seite stellen.**
3. **Den Kürbis waschen, in Spalten schneiden und, mit Olivenöl, Pfeffer und Salz gewürzt, 20 Minuten im Ofen rösten.**
4. **Die Schalotten und den Ingwer schälen, würfeln und in einem Schuss Olivenöl im Topf anbraten. Derweil die Quinoakörner waschen, gut abtropfen lassen, in den Topf geben, kurz mit anrösten und mit Gemüsebrühe auffüllen. Aufkochen lassen und 15 Minuten einköcheln lassen, bis die Flüssigkeit aufgesogen ist** (ggf. etwas Brühe nachgießen)**. Nach Ende der Garzeit die Berberitzen untermischen.**
5. **In der Zwischenzeit die Tomaten halbieren, den Kokosblütenzucker darauf verteilen und 10 Minuten bevor der Kürbis fertig ist zum Kürbis geben. Den Ofen für diese Zeit auf Grillfunktion stellen und immer mal ein Auge darauf haben.**
6. **In dieser Zeit können die Falafel samt Dressing zubereitet werden.**
7. **Das Gemüse aus dem Ofen nehmen. Den Koriander und die Petersilie hacken, mit den Quinoakörnern vermischen und in vier Schalen geben. Das Gemüse und die Falafel mit dem Dressing zu gleichen Teilen dazugeben und die Kokos-Nuss-Mischung darüber verteilen.**

Zutaten für 4 Portionen

Falafel mit Sesam-Orangen-Dressing (Rezept siehe Seite 13)
1 Handvoll Haselnüsse
2 EL Kokoschips
800 g Hokkaidokürbis
Olivenöl (zum Braten geeignetes)
Salz und frisch gemahlener Pfeffer
3 Schalotten
1 daumengroßes Stück Ingwer
240 g Quinoa
600 ml Gemüsebrühe (Rezept siehe Seite 63)
4 EL Berberitzen
10 kleine Tomaten
1–2 TL Kokosblütenzucker
½ Bund Koriander
4 Stängel Petersilie

Zubereitungszeit

ca. 70 Minuten (+ mindestens 16 Stunden Einweich- und Ruhezeit für die Falafel)

סילשורי תרעק

Falafel mit Sesam-Orangen-Dressing

1. Die Bohnen und die Kichererbsen 14 Stunden über Nacht in der dreifachen Menge Wasser einweichen. Morgens abgießen, gründlich waschen und mit allen Falafel-Zutaten (außer dem Sesam) im Mixer zu einem Teig pürieren. Den Sesam beimischen und alles mindestens 2 Stunden, besser bis zum Abend, im Kühlschrank ziehen lassen.
2. Alle Dressing-Zutaten mit einem Schneebesen glattrühren.
3. Das Frittieröl für die Falafel langsam in einem Topf erhitzen (Achtung, nicht zu heiß werden lassen, sonst werden die Falafel außen zu kross und innen nicht durch!). Den Teig aus dem Kühlschrank nehmen, mit einem Esslöffel jeweils etwas von der Mischung abstechen und flache Taler oder kleine Bällchen daraus formen. Von beiden Seiten je 3 Minuten backen (werden sie zu schnell braun, Temperatur herunterschrauben). Die fertigen Falafel auf Küchenpapier abtropfen lassen. Mit dem Dressing servieren.

Zutaten für 4 Portionen

200 g getrocknete Dicke Bohnen
120 g getrocknete Kichererbsen
3 Knoblauchzehen
2 Schalotten
1 kleine Zucchini
1 Bund gehackter Koriander
½ TL Kreuzkümmel
½ TL gemahlener Koriander
2 Msp. Zimt
½ TL Chilipulver
2 TL Ducca
Abrieb von 1 Bio-Limette
Pfeffer und Salz zum Abschmecken
1 EL Backpulver
2 EL Mehl
2 EL Sesam
Öl zum Frittieren

Für das Dressing

4 EL Tahin
Saft von 2 Limetten
Saft von 3 Saftorangen
2 TL geriebener Ingwer
Salz und frisch gemahlener Pfeffer
4 EL ungesüßter Mandel- oder Sojajoghurt

Zubereitungszeit:

ca. 20 Minuten + mindestens 16 Stunden Einweich- und Ruhezeit

Green Bowl

Zutaten für 4 Portionen

320 g geräuchertes Tempeh
Sesamöl
2 TL Misopaste, am besten Hatcho Miso
2 Chilischoten
2 Knoblauchzehen
2 Handvoll Mandeln
einige Minzblätter
Gemüsebrühe (Rezept siehe Seite 63)
1 kleiner Brokkoli
12 Rosenkohl-Röschen
Olivenöl (zum Braten geeignetes)
Salz
8 EL Edamame-Bohnen
200 g Sobanudeln oder Buchweizenspaghetti
1 Bund grüner Spargel
600 g vollreife Erdbeeren
1 TL Dijonsenf
frisch gemahlener Pfeffer
2 Tassen Mehl
3 Tassen Panko-Mehl
Öl zum Frittieren
etwas Schwarzkümmel
8 EL Tahin-Dressing (Rezept siehe Seite 63)

Zubereitungszeit

ca. 60 Minuten

1. **Den Ofen auf 220 °C** (Umluft 200 °C) **vorheizen. Das Tempeh würfeln. 2 EL Sesamöl mit der Misopaste glattrühren, mit Chili, Knoblauch und Tempeh in einer Schüssel vermischen. Zur Seite stellen. Die Mandeln grob hacken, rösten und abkühlen lassen. Die Minze hacken. Je einen kleinen Topf mit Gemüsebrühe** (für Edamame) **und einen mit Salzwasser für die Nudeln aufsetzen.**
2. **Das Gemüse waschen. Den Brokkoli in Röschen teilen, den Rosenkohl halbieren und beides** (in etwas Olivenöl und einer Prise Salz geschwenkt) **im Backofen etwa 8 bis 10 Minuten bissfest rösten. Währenddessen die Edamame 8 Minuten in der Brühe, die Nudeln 4 Minuten im Wasser kochen. In dieser Zeit die holzigen Enden vom Spargel schneiden. Die Erdbeeren waschen, putzen, pürieren und mit Dijonsenf und frisch gemahlenem Pfeffer verrühren.**
3. **Die Nudeln kalt abbrausen und beiseite stellen. Eine Panierstraße bauen: Je einen Teller mit Mehl, einen mit Erdbeersoße und einen mit leicht gesalzenem Panko füllen, in dieser Reihenfolge neben dem Herd aufstellen.**
4. **Fertige Edamame und Ofengemüse warm stellen. Reichlich Öl zum Frittieren in einer Pfanne erhitzen. Den Spargel waschen und noch feucht erst in Mehl, dann schön dick in den Erdbeeren, danach im Panko wälzen und sofort im heißen Öl knusprig backen. Auf Küchenpapier legen, ebenfalls warm stellen.**
5. **Tempehwürfel in Sesamöl braten. Alle Zutaten auf vier Schüsseln verteilen, mit Mandeln, Minze und Schwarzkümmel bestreuen und mit je 2 EL Dressing servieren.**

Goodiepacks

1. Den Ofen auf 200 °C (Umluft 180 °C) vorheizen. Den Blumenkohl im Längsschnitt in dünne Scheiben schneiden, auf ein mit Backpapier ausgelegtes Blech legen und mit Pfeffer, Salz, Sesamöl und Limettensaft würzen.
2. Die Frühlingszwiebel der Länge nach in schmale Bänder, einen Seitling in Längsscheiben, einen in 2 Zentimeter flache Streifen schneiden. Den Seitan in kurze Finger schneiden. Wasser zum Kochen bringen und den Blumenkohl in den Ofen schieben. Etwa 15 Minuten rösten, bis er knusprig ist.
3. In dieser Zeit die Erdnüsse ohne Fett rösten. 1 EL Sesamöl mit Anis und schwarzem Sesam verquirlen. Die Blätter vom Wirsing lösen, den harten Strunk entfernen und die Blätter waschen.
4. Wenn das Wasser kocht, die Wirsingblätter und die Frühlingszwiebel ein paar Sekunden blanchieren, dann sofort kalt abbrausen. Nun die roten Bandnudeln mit etwas Salz in das sprudelnde Wasser geben und nach Packungszeitangabe kochen. Sobald sie fertig sind, kalt abspülen, um den Garprozess zu stoppen, und in einer Schüssel im Anisöl schwenken.
5. Die Pilzstreifen mit einer Prise Pfeffer und Salz in 1 EL Chiliöl kurz anbraten, dann je einen Streifen auf ein Stück Seitan legen, in je ein Wirsingblatt einwickeln und jedes Päckchen mit einem Zahnstocher fixieren, um es mit einer „Zwiebelschnur" zu verschnüren. Zahnstocher wieder herausnehmen.
6. Die Schalotte und den Knoblauch schälen und hacken. Das restliche Chiliöl erhitzen und darin den Knoblauch, die Schalotten, die Päckchen und die Scheiben des zweiten Seitlings etwa 2–3 Minuten anbraten. Zwischendurch wenden.
7. Den Blumenkohl in eine flache Schüssel legen, Nudeln, Seitan-Päckchen und Pilze daraufgeben und mit Erdnüssen und Limettenabrieb servieren.

Zutaten für 4 Portionen

1 Blumenkohl
Pfeffer und Salz
Sesamöl
Saft und Abrieb von 1 Bio-Limette
1 Frühlingszwiebel
2 große Kräuterseitlinge
1 Packung Seitan (200–250 g)
1 Handvoll Erdnüsse
½ TL Anispulver
1 TL schwarzer Sesam
½ Wirsingkohl
300 g Rote-Bete-Bandnudeln
2 EL Chiliöl
1 Schalotte
1 Knoblauchzehe

Außerdem

ein paar Zahnstocher

Zubereitungszeit

ca. 35 Minuten

Gingerbread Bowl

Zutaten für 4 Portionen

300 g schwarzer Reis
4 Kardamomkapseln
1 EL Koriandersaat
1 daumengroßes Stück Ingwer
1 Knoblauchzehe
2 Orangen
1 TL Lebkuchengewürz
½ Wirsingkohl
1 Zwiebel
2 EL Mandelöl
4 EL getrocknete Sauerkirschen
Saft von 1 Limette
Salz und Pfeffer
1 Bund Koriander
evtl. 1 TL Sojasoße
1 TL Chiasamen

Zubereitungszeit

ca. 40 Minuten

1. 750 ml Wasser für den Reis zum Kochen bringen. Währenddessen die Körnchen aus den Kardamomkapseln zusammen mit dem Koriander im Mörser zerstoßen. Den Ingwer und Knoblauch schälen, fein hacken und mit dem Reis ins Wasser geben. Die Hitze reduzieren und zugedeckt 30 Minuten köcheln lassen.
2. Währenddessen die Orangen filetieren, den Saft auffangen und mit dem Lebkuchengewürz verquirlen. Den Wirsing vom Strunk befreien und in sehr schmale Streifen schneiden. Die Zwiebel schälen und klein würfeln.
3. Die Zwiebel in Mandelöl anschwitzen, den Wirsing dazugeben und kurz anrösten. Die Sauerkirschen und den Saft der Limette dazugeben, pfeffern, salzen und vom Herd nehmen.
4. Den Koriander hacken. Den fertigen Reis nach Bedarf mit Sojasoße abschmecken und in eine Schale geben. Den Wirsingsalat und die Orangenfilets darauf anrichten, Orangensaft darüberträufeln und mit Koriander und Chiasamen garnieren.

Szechuan-Sticky-Rice-Bowl

1. Den Sushireis nach Packungsangabe zubereiten.
2. Den Rosenkohl waschen und putzen. Den Knoblauch und den Ingwer schälen, zusammen mit den Chilis hacken und zur Seite stellen. Sesamöl in einem Wok erhitzen.
3. Den Seitan und die Pilze in Stücke schneiden und mit dem Rosenkohl in den Wok geben. Alles etwa 10 Minuten rösten. Dabei hin und wieder umrühren.
4. Den Szechuanpfeffer mörsern und die schwarzen Bohnen unter fließendem Wasser waschen, um das Salz, in dem sie eingelegt sind, abzuspülen. Beides zusammen mit der Sojasoße, dem grünen Pfeffer, dem Wein, der Brühe und dem Limettensaft in den Wok geben. Den Knoblauch, den Ingwer und die Chilis dazugeben und alles 10 Minuten schmoren. Mit Salz und Pfeffer abschmecken.
5. Währenddessen in einer kleinen Pfanne die Cashewnüsse ohne Öl anrösten, danach abkühlen lassen und den Koriander hacken. Nun den Reis in eine Schale füllen, die Rosenkohl-Seitan-Pfanne untermischen und mit Cashews und Koriander garnieren.

Zutaten für 4 Portionen

- 200 g Sushireis
- 700 g Rosenkohl
- 4 Knoblauchzehen
- 40 g Ingwer
- 2 Chilis
- 4 EL Sesamöl
- 200 g Seitan
- 400 g Kräuterseitlinge
- 1 gehäufter TL Szechuanpfeffer
- 4 gehäufte EL schwarze, fermentierte Bohnen
- 8 EL Sojasoße
- 3 EL grüne Pfefferkörner
- 50 ml trockener Rotwein
- 70 ml Gemüsebrühe (Rezept siehe Seite 63)
- Saft von 1 Limette
- Salz und Pfeffer
- 2 Handvoll Cashewnüsse
- Koriander

Zubereitungszeit

ca. 35 Minuten + 4 Stunden Einweichzeit

Sommer-Bowl

Zutaten für 4 Portionen

800 g kleine Kartoffeln
Meersalz und frisch gemahlener Pfeffer
2 EL natives Olivenöl
2 EL Zitronensaft
3 EL Agavendicksaft
3 EL Himbeeressig
3 EL Dijonsenf
600 g frische Erbsen (mit Schote; ergibt etwa 250 g ohne Schote)
1 Bund Radieschen
200 g Babyblattspinat
1 Knoblauchzehe
Bratöl
1 Packung essbare Blüten

Zubereitungszeit

ca. 25 Minuten + 30 Minuten Abkühlzeit

1. Die Kartoffeln gründlich schrubben und etwa 10 Minuten in gesalzenem Wasser kochen, dann abkühlen lassen.
2. Währenddessen aus Olivenöl, Zitronensaft, Agavendicksaft, Himbeeressig und Dijonsenf eine Soße mixen.
3. Die Erbsen pulen, die Radieschen in feine Scheiben schneiden und mit dem Babyblattspinat vermengen.
4. Den Knoblauch schälen und fein hacken. Die abgekühlten Kartoffeln in Scheiben schneiden. Reichlich Bratöl in einer großen Pfanne erhitzen und portionsweise die Kartoffeln darin von beiden Seiten knusprig braten. Zum Schluss den Knoblauch dazugeben, alles nochmal kurz anrösten und mit Salz und Pfeffer abschmecken. Auskühlen lassen. Dann unter den Salat mengen und das Dressing dazugeben.
5. Mit essbaren Blüten garnieren.

Koreas gerührter Reis

Zutaten für 4 Portionen

4 EL Sesam (weißer und schwarzer gemischt)
2 Knoblauchzehen
1 daumennagelgroßes Stück Ingwer
1 kleine rote Chilischote
1 kleine Salatgurke
1 EL Reisessig
1 EL + 1 TL Chiliöl
240 g Rundkornreis
1 dicke Möhre
1 EL Kokosblütenzucker
1 Limette
200 g Pilze (z.B. Kräuterseitlinge, Shiitake, Austernpilze)
1 EL + 1 TL Sesamöl
2 Noriblätter
4 Bio-Eier
Öl zum Braten
Sojasoße
½ Bund Koriander
80 g knackiger Blattsalat nach Wunsch
4 EL Kimchi
koreanische Chilisoße

außerdem

Spiralschneider

Zubereitungszeit:

ca. 30 Minuten

1. **Den Sesam in einer Pfanne ohne Fett rösten. Abkühlen lassen. Den Knoblauch und den Ingwer schälen und klein hacken, die Chilischote in schmale Ringe schneiden.**
2. **Die Gurke waschen und durch einen Spiralschneider drehen** (alternativ in Julienne schneiden). **Mit 1 EL Reisessig, 1 EL Chiliöl und dem Sesam mischen und zur Seite stellen.**
3. **Den Reis nach Packungsanleitung kochen.**
4. **Währenddessen die Möhre schälen und in kurze Stifte schneiden, in einer Pfanne in 1 TL Chiliöl und 1 EL Kokosblütenzucker karamellisieren, den Saft einer halben Limette darüber auspressen und zur Seite stellen.**
5. **Die Pilze putzen und in Scheiben schneiden. Den Knoblauch, die Chiliringe und den Ingwer mit 1 EL Sesamöl in die Pfanne geben, die Pilze dazugeben und kurz anrösten.**
6. **Die Noriblätter vierteln und in einer Pfanne ohne Fett kurz rösten.**
7. **Nun die Eier in einer Pfanne mit etwas Öl zu Spiegeleiern braten. Unter den fertigen Reis 1 TL Sesamöl und 1 EL Sojasoße mischen und auf vier Schüsseln verteilen. Den Koriander hacken.**
8. **Alle weiteren Zutaten** (bis auf die Eier und die Noriblätter) **einzeln nebeneinander sternförmig auf dem Reis anrichten und am Ende je ein Spiegelei darauflegen. Zum Essen wird alles frisch verrührt und mit der übrigen Limette und koreanischer Chilisoße gewürzt. Dazu gibt es die knusprigen Noriblätter.**

Rote Bowl

Zutaten für 4 Portionen

400 g Dinkel
3 TL Brotgewürz
Salz
2 rote Möhren
2 Rote Beten
1 Gelbe Bete
4 EL Olivenöl (zum Braten geeignetes)
1 EL Apfeldicksaft
3 TL Meerrettich
3 EL Obstessig
frisch gemahlener Pfeffer
1 großer roter Apfel
Saft und Abrieb von 1 großen Bio-Zitrone (alternativ zwei kleine)
150 g Salat
4 Bio-Eier (Größe M)
2 EL Rote-Bete-Pulver
1 Schälchen Kresse (z.B. rote Rettichkresse)

Zubereitungszeit

ca. 45 Minuten

1. **Die Dinkelkörner waschen und zusammen mit 2 TL vom Brotgewürz in 1 l gesalzenes, kochendes Wasser geben. 45 Minuten kochen lassen, bis das Wasser aufgesaugt ist. Falls das schon früher passiert, Wasser nachgießen.** (Weicht man die Körner vorher über Nacht ein, reduziert sich die Kochzeit auf ca. 15 Minuten.)
2. **Währenddessen die Möhren und die Beten schälen und in mundgerechte Stücke schneiden** (am besten Küchenhandschuhe tragen, da der Rote-Bete-Saft stark färbt). **Dann 1 EL Olivenöl mit dem restlichen Brotgewürz mixen und mit dem Gemüse und etwas Salz in einer Schüssel vermengen, alles auf ein mit Backpapier ausgelegtes Blech schütten.**
3. **Den Ofen auf 200 °C** (Umluft 180 °C) **vorheizen.**
4. **Nun das Dressing aus 3 EL Olivenöl, Apfeldicksaft, Meerrettich und Obstessig mixen. Mit frisch gemahlenem Pfeffer und Meersalz abschmecken.**
5. **Etwa 15–20 Minuten bevor der Dinkel fertig ist das Gemüse in den Ofen schieben.**
6. **Den Apfel waschen, raspeln und mit dem Saft und Abrieb der Zitrone verrühren, damit er nicht braun wird. Den Salat waschen, klein zupfen und zur Seite stellen.**
7. **Wasser zum Kochen bringen, die Eier anpieksen und etwa 6 ½ Minuten kochen** (kühlschrankkalte Eier, Größe M; kommen die Eier nicht aus dem Kühlschrank, verkürzt sich die Kochzeit). **Danach abschrecken, pellen und auf einem Küchenpapier vorsichtig trocknen.**
8. **Dinkel, Ofen-Gemüse, Salat und Apfel auf vier Schüsseln verteilen und das Dressing darübergeben.**
9. **Das Rote-Bete-Pulver durch ein feines Sieb in eine kleine Schale sieben und die gekochten Eier darin wälzen. Sofort auf den Salat geben, mit Kresse garnieren und servieren.**

Sauer trifft fruchtig

Zutaten für 4 Portionen

2 Bio-Zitronen
1 TL Kurkuma
400 g Quinoa
Gemüsebrühe (Rezept siehe Seite 63)
1 Knoblauchzehe
1 Brokkoli
Bratöl
150 g gepulte Erbsen (etwa 360 g mit den Schoten)
3 EL Kapern oder eine Handvoll Kapernäpfel + Lake
3 Stangen Rhabarber
1 ½ EL Reissirup
2 EL Olivenöl
1 EL Tahin
1 TL weißes Mandelmus
1 TL Reisessig
Salz und frisch gemahlener Pfeffer
80 g Mandeln
½ Bund Schnittlauch

Zubereitungszeit

ca. 30 Minuten

1. Eine Zitrone heiß waschen und die Schale abreiben. Die Hälfte des Abriebs mit ½ TL Kurkuma und den Quinoakörnern in der doppelten Menge Gemüsebrühe nach Packungsanleitung kochen.
2. Den Knoblauch schälen und hacken. Den Brokkoli in kleine Röschen schneiden und in einer Pfanne in Bratöl etwa 3–4 Minuten rösten. Knoblauch, Erbsen, Kapern und einen kräftigen Schluck vom Kapernwasser untermischen, weitere 1–2 Minuten braten und vom Herd nehmen.
3. Den Rhabarber putzen, in fingerdicke Stücke schneiden und in Bratöl etwa 1 Minute anbraten, mit 1 EL Reissirup kurz karamellisieren lassen und zur Seite stellen.
4. Aus ½ EL Reissirup, 2 EL Olivenöl, Saft von 2 Zitronen und dem restlichen Abrieb, 1 EL Tahin, 1 TL Mandelmus und 1 TL Reisessig ein Dressing mischen. Mit Salz und Pfeffer abschmecken. Falls es zu breiig ist, mit einem kleinen Schluck Wasser zu einer dickflüssigen Soße mischen.
5. Die Mandeln hacken und ohne Fett rösten, bis sie duften.
6. Die fertigen Quinoakörner mit dem Dressing vermischen, den Brokkoli und den Rhabarber untermischen und mit den gehackten Mandeln bestreuen.
7. Den Schnittlauch in kleine Röllchen schneiden und darüberrieseln lassen.

Brotzeit mal anders

1. **Den Ofen auf 200 °C** (Umluft 180 °C) **vorheizen. Den Knoblauch und die Chilischote hacken.**
2. **Das Brot würfeln und mit einem kräftigen Schuss Olivenöl und etwas Meersalz auf einem mit Backpapier ausgelegtem Blech verteilen. Etwa 15 Minuten rösten, bis es knusprig gebräunt ist.**
3. **In der Zwischenzeit die Zwiebel schälen und in Ringe schneiden. Die Tomaten halbieren.**
4. **Die Dosentomaten mit der Kokoscreme in einem Topf erhitzen, bis die Kokoscreme sich gelöst hat, anschließend Chili und Knoblauch dazugeben und auf niedrigster Stufe warm halten. Gegebenenfalls etwas Wasser nachgießen.**
5. **Die frischen Tomaten mit dem Kokosblütenzucker und der Prise Zimt bestreuen und auf einem zweiten Blech ebenfalls in den Ofen schieben. Sobald der Zucker nach ein paar Minuten karamellisiert ist, die Tomaten unter die Tomatensoße heben.**
6. **Die Kokoschips in einer Pfanne ohne Fett rösten. Zur Seite stellen. Das Basilikum klein zupfen.**
7. **Erst direkt vor dem Servieren Brot, Zwiebelringe und Tomatensoße vermengen** (damit das Brot nicht zu sehr durchweicht)**, mit Kokoschips und Basilikum toppen.**
8. **Zu jeder Schüssel eine Kugel Burrata servieren. Frischen Pfeffer darübermahlen.**

Zutaten für 4 Portionen

1 Knoblauchzehe
1 rote Chilischote
1 Sauerteigbrot
natives Olivenöl (zum Braten geeignetes)
Meersalz
1 rote Zwiebel
500 g aromatische, kleine Tomaten
2 Dosen Kirschtomaten
2 EL Kokoscreme
1 EL Kokosblütenzucker
1 Prise Zimt
1 große Handvoll Kokoschips
1 Bund Basilikum
4 Burrata
Pfeffer

Zubereitungszeit

ca. 25 Minuten

Roll Time Favorites

Sommerrollen mit dreierlei Dip

Zutaten für 16 Rollen

- **je eine Schüssel Avocado-Hummus, Erdnuss-Dip und Mango-Chili-Soße** (Rezepte siehe Seite 62–63)
- **200 g dünne Vollkornreis- oder normale Reisnudeln**
- **1 Salatgurke**
- **½ Mango** (die andere Hälfte wird für die Mango-Chili-Soße benötigt)
- **100 g Rotkraut**
- **1 kleine Möhre**
- **100 g Sojasprossen**
- **1 Handvoll Erdnüsse**
- **½ Bund Thaibasilikum**
- **½ Bund Minze**
- **½ Bund Koriander**
- **16 Blatt Reispapier**

Zubereitungszeit

ca. 65 Minuten (inklusive der Dips)

1. **Als Erstes die Dips zubereiten.**
2. **Nun die Reisnudeln in eine Schüssel geben und mit kochendem Wasser übergießen. Nach 5 Minuten abgießen, die Nudeln unter kaltem Wasser abwaschen und gut abtropfen lassen.**
3. **Das Gemüse für die Sommerrollen waschen und putzen. Die Gurke halbieren, die Kerne herauskratzen und zusammen mit der halben Mango in schmale Stifte schneiden. Das Rotkraut sehr fein schneiden oder hobeln und die Möhre in dünne Scheiben schneiden.**
4. **Die Sprossen abbrausen. Die Erdnüsse grob zerkleinern und ohne Fett rösten. Von den Kräutern die Blätter klein zupfen, kurz kalt abspülen.**
5. **Nun einen ausreichend großen Teller mit lauwarmem Wasser füllen, je ein Reispapierblatt ein paar Sekunden hineinlegen, bis es weich ist, und es dann auf eine glatte Unterlage legen. Eine kleine Portion Nudeln, Sprossen, Gemüse- und Mangosticks, Kräuter und ein paar Erdnüsse mittig daraufgeben. Dann das Papier von unten über der Füllung nach oben schlagen, die Seiten einklappen und die Rolle straff aufrollen. So weiter verfahren, bis Reisblätter und Füllung aufgebraucht sind.**
6. **Die drei Dips dazu reichen.**

Wald-spaziergang

Zutaten für 4 Portionen

- **300 g Waldpilze** (wer keine sammeln kann, nimmt eine Mischung nach Wahl)
- **500 g Blattgemüse wie Löwenzahn oder Mangold**
- **2 Schalotten**
- **2 Knoblauchzehen**
- **1 Bund Petersilie**
- **60 g Parmesan**
- **2 EL gepulte Bucheckern** (wer keine sammeln kann, nimmt Kerne nach Wahl)
- **4 EL Aroniagelee**
- **2 EL getrocknete Sauerkirschen**
- **250 ml Gemüsebrühe** (Rezept siehe Seite 63)
- **120 g Buchweizenbulgur**
- **4 EL Margarine** (z.B. Bio-Margarine von Alsan)
- **2 Zweige Thymian**
- **frisch gemahlener Pfeffer und Salz**
- **50 ml Rhabarbersaft**
- **Saft und Abrieb von 1 Bio-Limette**
- **200 g Räuchertofu**

Zubereitungszeit

ca. 30 Minuten

1. **Die Pilze putzen und klein schneiden. Das Blattgemüse waschen, die Stiele in breite Scheiben und die Blätter klein schneiden – voneinander getrennt zur Seite stellen.**
2. **Die Schalotten und den Knoblauch schälen, hacken, vermengen und zur Seite stellen. Die Petersilie waschen und ebenfalls hacken. Den Parmesan hobeln.**
3. **Die Bucheckern in einer Pfanne ohne Fett rösten, herausnehmen und abkühlen lassen.**
4. **Das Aroniagelee mit den Sauerkirschen zu einer dickflüssigen Soße rühren** (bei Bedarf einen Schluck Wasser hinzufügen)**.**
5. **Die Gemüsebrühe aufkochen, den Bulgur hineinrieseln lassen, 2 Minuten köcheln, vom Herd nehmen und 15 Minuten quellen lassen.**
6. **Nun in zwei großen Pfannen je etwa 1,5 EL Margarine schmelzen lassen. In eine Pfanne die Blattstiele, in die andere Pfanne die Pilze mit den Thymianzweigen geben und auf hoher Stufe braten. Immer wieder rühren. Nach zwei, drei Minuten die geschnittenen Blätter zu den Stielen geben und die Zwiebel-Knoblauch-Mischung auf beide Pfannen verteilen und weiterbraten.**
7. **Wenn die Pilze gebräunt sind und kein Wasser mehr in der Pfanne ist, die Petersilie und den Parmesan untermischen und vom Herd nehmen. Mit Pfeffer und Salz abschmecken.**
8. **Nun das Blattgemüse mit dem Rhabarbersaft ablöschen, kurz einköcheln lassen, bis keine Flüssigkeit mehr da ist, mit dem Saft und Abrieb der Limette würzen, pfeffern, salzen und vom Herd nehmen.**
9. **Den Tofu in 12 Scheiben schneiden und mit dem Rest Margarine** (am besten in einer Grillpfanne) **anbraten.**
10. **Die Pilzpfanne unter den Bulgur mischen und auf vier Schüsseln verteilen. Je von dem Blattgemüse und Tofu dazugeben, mit Bucheckern bestreuen und mit der Aroniasoße servieren.**

Smokey Bowl

1. Den Ofen auf 200 °C Grillfunktion vorheizen.
2. Das Einkorn durch ein Sieb abspülen. Knoblauch, Zwiebel und Ingwer schälen und zusammen mit dem Fenchel sehr fein hacken und in Bratöl anschwitzen. Dann mit Gemüsebrühe auffüllen und das Getreide dazugeben. Etwa 35 Minuten köcheln lassen.
3. Den Lauch, die Frühlingszwiebeln und den Hokkaido waschen, die Frühlingszwiebeln dritteln, den Hokkaido in Spalten und den Lauch in dicke Scheiben schneiden. Mit einem Schuss Olivenöl und etwas Zatar vermischen und auf ein mit Backpapier ausgelegtes Blech schütten. Im Ofen ca. 15 Minuten braun rösten.
4. Währenddessen die Chilischote anritzen und zusammen mit den Cranberrys, dem Kokosblütenzucker und 150 ml Wasser aufkochen. Etwa 5 Minuten köcheln lassen und vom Herd nehmen.
5. Die Möhren schälen, raspeln und mit Zitronensaft und etwas Olivenöl marinieren. Zur Seite stellen. Die Kürbiskerne ohne Fett rösten, bis sie duften.
6. Nun das Getreide mit der BBQ-Soße vermischen und auf vier Schüsseln verteilen. Das Ofengemüse mit Pfeffer und Salz abschmecken und auf das Einkorn geben. Die Möhren daneben anrichten und mit Kürbiskernen und Beerensoße servieren.

Zutaten für 4 Portionen

300 g Einkorn
1 Knoblauchzehe
1 rote Zwiebel
1 daumennagelgroßes Stück Ingwer
¼ Fenchelknolle
Bratöl
500 ml Gemüsebrühe (Rezept siehe Seite 63)
3 Stangen Lauch
2 Bund Frühlingszwiebeln
½ Hokkaidokürbis
Olivenöl (zum Braten geeignetes)
1 EL Zatar
1 kleine Chilischote
130 g frische Cranberrys
1 ½ EL Kokosblütenzucker
2 gelbe Möhren
Saft von 1 Zitrone
3 EL Kürbiskerne
5 EL BBQ-Soße (Rezept siehe Seite 62)
Pfeffer und Salz

Zubereitungszeit

ca. 40 Minuten

Power Bowl

Zutaten für 4 Portionen
eine Handvoll Bengalisches Popcorn (Rezept siehe Seite 40)
4 Handvoll Pflücksalat
Olivenöl (zum Braten geeignetes)
Saft von 1 Zitrone
100 g Edamame (TK; aufgetaut)
4 blaue Pflaumen
1 EL Granatapfelsirup
etwas Fenchelgrün

Für die Bohnenbratlinge
600 g Hülsenfrüchte z.B. Kichererbsen, Mungbohnen und Dicke Bohnen
2 TL Fünf-Gewürze-Mischung (Rezept siehe Seite 63)
2 Knoblauchzehen
1 rote Zwiebel
1 daumennagelgroßes Stück Ingwer
Chiliöl
1 Bund Petersilie
1 Bund Koriander
½ Bund Minze
1 gestrichener TL Backpulver
1 TL Senf
1 EL Sojasoße
2 EL Berberitzen
1 TL Guarkernmehl
Abrieb einer Bio-Limette
Bratöl

Zubereitungszeit:
ca. 90 Minuten + 12 Stunden Einweichzeit

1. **Die Hülsenfrüchte mindestens 12, besser 24 Stunden einweichen. Dann das Einweichwasser wegschütten, die Hülsenfrüchte waschen und in frischem Wasser kochen. Erst die Dicken Bohnen – sie benötigen etwa 90 Minuten. Nach einer halben Stunde die Kichererbsen aufsetzen** (Kochzeit 60 Minuten) **und nach einer weiteren halben Stunde die Mungbohnen für 30 Minuten kochen.**
2. **In der Zwischenzeit das Popcorn zubereiten.**
3. **Den Ofen auf 200 °C** (Umluft 180 °C) **vorheizen.**
4. **Für die Bratlinge die Fünf-Gewürze-Mischung mörsern, Knoblauch, Zwiebel und Ingwer schälen, klein hacken und alles langsam in Chiliöl anrösten. In der Zwischenzeit die Kräuter waschen und trockenschütteln.**
5. **Den Salat waschen, etwas Olivenöl und den Saft einer Zitrone daraufträufeln und mit den Edamame-Bohnen auf vier Schüsseln verteilen.**
6. **Nun die angeröstete Zwiebel-Gewürz-Mischung zusammen mit den Hülsenfrüchten und allen übrigen Bratlingzutaten** (bis auf das Bratöl) **in der Küchenmaschine pürieren, aus der Masse kleine Bällchen formen und zu flachen Talern drücken.**
7. **Die Pflaumen vierteln, mit einem Schuss Olivenöl beträufeln und 8–10 Minuten im Ofen backen. In der Zeit Bratöl in einer Pfanne erhitzen und die Taler von beiden Seiten knusprig braten. Auf Küchenpapier entfetten lassen.**
8. **Falls das Popcorn beim Auskühlen nicht kross geworden ist** (kann passieren, wenn in der Küche zu viel Feuchtigkeit vom Kochen vorhanden ist) **noch ein paar Minuten in den Ofen schieben, nachdem die Pflaumen raus sind. Wichtig: Ofentür einen kleinen Spalt offen lassen, damit die Feuchtigkeit abziehen kann.**
9. **Zum Schluss alles auf den Salat geben, mit Granatapfelsirup, Fenchelgrün und frisch gemahlenem Pfeffer würzen.**

Bengalisches Popcorn

1. Bratöl in einen großen Topf geben und den Popcornmais hineingeben. Einen Deckel aufsetzen. Während der Mais heiß wird, ständig am Topf rütteln und schütteln, damit der Mais nicht anbrennt. So verfahren, bis der gesamte Mais gepoppt ist. Vom Herd nehmen.
2. Die Fünf-Gewürze-Mischung und die Chilis mörsern und in Kokosblütensirup erhitzen. Sobald die Mischung heiß wird, sofort vom Herd nehmen (nicht köcheln lassen, sonst dickt der Zucker ein) und sofort über das Popcorn gießen. Den Topfdeckel direkt wieder aufsetzen und alles kräftig durchschütteln. Meersalz dazugeben und nochmals schütteln. Auf ein mit Backpapier ausgelegtes Blech schütten und abkühlen lassen. Tipp: Die Töpfe sofort abwaschen. Wird der Zucker erst hart, lässt er sich schwer wieder entfernen.
3. Falls das Popcorn beim Auskühlen nicht kross wird (kann passieren, wenn in der Küche zu viel Feuchtigkeit vom Kochen vorhanden ist), einfach ein paar Minuten in den Ofen (200 °C; Umluft 180 °C) schieben. Wichtig: Ofentür einen kleinen Spalt offen lassen, damit die Feuchtigkeit abziehen kann. Geht schnell und sorgt für superkrossen Mais!

Zutaten für 4 Portionen

1 EL Bratöl
4 EL Popcornmais
2 TL Fünf-Gewürze-Mischung (Rezept siehe Seite 63)
2 kleine getrocknete Chilis
4 EL Kokosblütensirup
1 TL Meersalz

Zubereitungszeit

ca. 10 Minuten

Herbst-Bowl

1. Den Hafer waschen und in Gemüsebrühe 30–40 Minuten kochen.
2. Den Grünkohl waschen, die festen Stiele und dickeren Blattrippen wegschneiden und die Blätter klein schneiden. Die Schalotten schälen und würfeln. Aus Olivenöl, Essig, Honig, Pfeffer und Salz ein Dressing mischen und mit den Schalotten zum Grünkohl geben. Alles ordentlich durchkneten und zur Seite stellen.
3. Den Ofen auf 220 °C (Umluft 200 °C) vorheizen.
4. Die Maronen kreuzförmig einritzen und auf ein mit Backpapier ausgelegtes Blech geben. Für 15–20 Minuten in der Röhre rösten, bis sie duften. Tipp: Ein feuerfestes Schälchen mit Wasser mit in den Ofen stellen, damit die Kastanien saftig bleiben.
5. Einen Schuss Bratöl in der Pfanne erhitzen und die Nüsse darin anrösten. Wenn sie zu duften und bräunen beginnen, einen Spritzer Honig darübergeben, kurz ankaramellisieren lassen, sofort Rauchpaprika und Meersalz darüberstreuen, alles in eine kleine Dose mit Deckel füllen und kräftig schütteln, damit die Gewürze sich gut verteilen. Dann die Nüsse ausgebreitet auskühlen lassen.
6. Die Birnen klein schneiden, das Kerngehäuse entfernen und mit dem Saft der Zitrone marinieren. Den Abrieb sowie die Berberitzen unter den Grünkohl mischen. Die fertigen Maronen schälen.
7. Den fertigen Hafer und den Grünkohl und auf vier Schalen verteilen. Birnen, Maronen und Nüsse dazugeben. Etwas Granatapfelsirup darüberträufeln, mit Kresse garnieren und frischen Pfeffer darübermahlen.

Zutaten für 4 Portionen

300 g Nackthafer
600 ml Gemüsebrühe (Rezept siehe Seite 63)
600 g Grünkohl
2 Schalotten
2 EL Olivenöl
2 EL Obstessig
1 TL Honig + einen Spritzer für die Nüsse
frisch gemahlener Pfeffer und Meersalz
350 g frische Maronen
Bratöl
1 Handvoll gemischte Nüsse
¼ TL Rauchpaprika
Meersalz
2 Birnen
Saft und Abrieb von 1 Bio-Zitrone
4 EL Berberitzen
Granatapfelsirup
½ Schälchen Kresse

Außerdem

kleines verschließbares Gefäß zum Mischen

Zubereitungszeit

ca. 45 Minuten

Glücks-Bowl

Zutaten für 4 Portionen

250 g Couscous
Meersalz
1 TL Kreuzkümmel
1 Prise Zimt
3 EL natives Olivenöl (zum Braten geeignetes)
1 EL Aprikosenmark
1 TL Senf
1 EL grüne Chilisoße
Saft und Abrieb von 1 Bio-Limette
400 g Minimöhren
1 Handvoll Zuckerschoten
100 g Erbsen (etwa 240 g mit den Schoten)
250 g Halloumi
1 kleine Handvoll Postelein

Für den Feigen-Crumble

6 große Feigen
100 g Pistazien + ein paar zum Bestreuen
50 g Quinoaflocken
50 g Kokosöl
50 g Vollkornmehl
2 EL Honig
1 Prise Salz
2 TL Rosenwasser

Zubereitungszeit

ca. 40 Minuten

1. **Den Ofen auf 200 °C** (Umluft 180 °C) **vorheizen.**
2. **Den Couscous in einer Schüssel mit 300 g köchelndem Wasser übergießen und zusammen mit Salz, Kreuzkümmel und Zimt 5 Minuten quellen lassen. Dann mit einer Gabel auflockern, bis keine Klümpchen mehr vorhanden sind, 2 EL Olivenöl, Aprikosenmark, Senf, grüne Chilisoße, Saft und Abrieb einer Limette unterrühren.**
3. **Die Möhren putzen und in 1 EL Olivenöl und etwas Salz marinieren, auf ein mit Backpapier ausgelegtes Backblech geben und auf mittlerer Ofenschiene ca. 15 Minuten backen.**
4. **Währenddessen die Zuckerschoten in schmale Streifen schneiden, die Erbsen pulen und beides unter den Couscous mischen. Auf vier Schüsseln verteilen.**
5. **Nun den Halloumi in dicke Scheiben schneiden und die Feigen halbieren. Die Pistazien hacken und zusammen mit den Quinoaflocken kurz in einer Pfanne ohne Öl anrösten.**
6. **Das Kokosöl erwärmen und mit dem Vollkornmehl, Honig, Salz und der Pistazien-Quinoa-Mischung in einer Schüssel zu Streuseln kneten. In den Kühlschrank stellen.**
7. **Die Möhren aus dem Ofen nehmen und auf den Couscous geben.**
8. **Ein neues Backpapier auf das Blech legen** (Vorsicht, nicht verbrennen!) **und die Feigen mit der Schnittfläche nach oben auf das Blech legen, die kalten Streusel daraufgeben und das Blech für etwa 5 Minuten bei Grillfunkion in den heißen Ofen schieben. Ein Auge darauf haben, dass der Crumble nicht verbrennt.**
9. **Währenddessen den Halloumi in der Grillpfanne von beiden Seiten kurz anbraten.**
10. **Die Posteleinblätter waschen und mit dem Halloumi zum Couscous geben. Dann die gebackenen Feigen daraufsetzen, mit je ½ TL Rosenwasser pro Schüssel beträufeln und mit den restlichen Pistazien bestreuen. Sofort servieren.**

100 g Erbsen (etwa 240 g mit den Schoten)
50 ml Mandel- oder Sojasahne
Meersalz und frisch gemahlener Pfeffer

Zubereitungszeit

ca. 35 Minuten

Zestenschäler abschaben. Den Saft in eine Schüssel geben.

4. Die Äpfel waschen, das Kerngehäuse herausschneiden, das Fruchtfleisch in Spalten schneiden und unter den Zitronensaft mischen.
5. Die Haselnüsse in einer kleinen Pfanne ohne Fett rösten, bis sie duften. Zur Seite stellen.
6. Sobald der Sellerie schön braun ist, Zwiebel, Knoblauch und Chili dazugeben und mitanbraten. Mit Weißwein ablöschen und so lange einköcheln lassen, bis kaum noch Flüssigkeit in der Pfanne ist, dann die Erbsen und die Sahne dazugeben. Mit Salz und Pfeffer abschmecken.
7. Nun in der kleinen Pfanne reichlich Öl erhitzen. Wenn es richtig heiß ist, den Salbei und die Zitronenzesten darin knusprig backen.
8. Das gekochte Getreide durch ein Sieb abgießen und auf vier Schalen verteilen. Den Sellerie und die Apfelspalten darauflegen, den gebackenen Salbei mit den Zesten darübergeben und nach Bedarf mit grobem Pfeffer würzen.

Suppen-Bowl

1. Das Zitronengras, den geschälten Ingwer und die Chilis sehr fein würfeln, den Schwarzen Knoblauch schälen und alles mit dem Zimt und den Senfkörnern langsam in Sesamöl anrösten.
2. Die Gemüsebrühe dazugeben und das Hatcho Miso darin auflösen.
3. Die Zuckerschoten, die Maiskölbchen, die Pilze, die Tomaten und den Pak Choi waschen und bei Bedarf klein schneiden. Die Zwiebel häuten und in Ringe schneiden.
4. Die Reisnudeln mit kochendem Wasser überbrühen und darin weich ziehen lassen. In dieser Zeit die Algen ohne Fett in der Pfanne rösten, dann zur Seite stellen. Die Kräuter hacken. Die Erdnüsse schälen, grob zerkleinern und auch kurz ohne Fett rösten. Die Limetten waschen und die Schale abreiben.
5. Nun die Nudeln, das Gemüse und die Erbsen in die Suppe geben, alles köchelnd 2–3 Minuten durchziehen lassen. Mit Salz und frisch gemahlenem Pfeffer abschmecken.
6. Auf vier Schüsseln verteilen, den Limettensaft darüberpressen und mit Kräutern, Limettenabrieb, Erdnüssen und Algen servieren.

Zutaten für 4 Portionen

2 Stangen Zitronengras
2 daumengroßes Stück Ingwer
2 kleine Chilis
4 Zehen Schwarzer Knoblauch
1 Zimtstange
2 EL Senfkörner
Sesamöl
1 l Gemüsebrühe (Rezept siehe Seite 63)
2 EL Hatcho Miso
1 Handvoll Zuckerschoten
3 Baby-Maiskolben
150 g Pilze, z.B. Kräuterseitlinge, Austernpilze, Shiitake und Champignons
1 Handvoll Cherry-Tomaten
1 Pak Choi
1 rote Zwiebel
400 g Reisnudeln
10 g getrocknete Nori-Algen (Flocken)
1 Bund frische Kräuter, z.B. Koriander und Thaibasilikum
1 Handvoll Erdnüsse
1–2 Bio-Limetten (je nach Größe)
60 g Erbsen (etwa 150 g mit den Schoten)
Salz und frischer Pfeffer

Zubereitungszeit

ca. 30 Minuten

Bulletproof Bowl

1. **Den Ofen auf 200 °C** (Umluft 180 °C) **vorheizen. Die Samen aus den Kardamomkapseln im Mörser zerstoßen. Milchreis mit Mandel- oder Sojamilch, Salz, Kardamom, Vanillemark und Kokosöl nach Packungsanleitung kochen.**
2. **2 Blutorangen auspressen, die anderen beiden schälen und quer in Scheiben schneiden. Die Scheiben aufs Backblech legen, mit Kokosblütenzucker bestreuen und ca. 15 Minuten backen. Die Nüsse zerkleinern, ohne Fett rösten und abkühlen lassen.**
3. **Die Schokolade hacken. Die Mangos schälen, zerkleinern und mit dem Zitronensaft pürieren. Den Matchatee in eine Bowl geben und mit einem kleinen Schluck heißen Wassers mit einem Matchabesen verquirlen. Fertigen Milchreis, Orangensaft und Dicksaft dazugeben und alles gut verrühren. Mangopüree, Ofenorangen, Nüsse und Schokolade darauf anrichten und mit Rosenblütenblättern garnieren.**

Zutaten für 4 Portionen

5 Kardamomkapseln
240 g Milchreis (oder Risottoreis)
1 l Mandel- oder Sojamilch
2 Prisen Salz
Mark von ½ Vanilleschote
4 EL Kokosöl
4 Blutorangen
1 EL Kokosblütenzucker
4 EL Pekannüsse
2 Rippen Bitterschokolade
2 Mangos
2 EL Zitronensaft
4 EL Matchapulver
2 EL Apfel- oder Agavendicksaft
essbare Rosenblütenblätter (erhältlich in Tee- und Gewürzläden)

Außerdem

Matchabesen

Zubereitungszeit

ca. 35 Minuten

Brazilian Morning Acaí Bowl

Zutaten für 4 Portionen

600 g aufgetaute TK-Himbeeren
4 EL grüne Pistazien
4 TL Hanfsamen (ungeschält)
250 g frische Beeren
800 g gefrorenes Acaí-Püree
3 vollreife Bananen
4 TL Guarana-Pulver
1 Bund Thaibasilikum
1 EL Kakaonibs
1 TL Chiasamen
½ TL Brennnesselsamen
4 Passionsfrüchte

Zubereitungszeit

ca. 15 Minuten (plus Auftauzeit)

1. Falls Sie vergessen haben, die Himbeeren aufzutauen: Einfach im geschlossenen TK-Beutel ein paar Minuten in einen Topf mit heißem (nicht kochendem) Wasser legen.
2. Die Pistazien grob hacken, zusammen mit den Hanfsamen in einer Pfanne ohne Fett rösten, abkühlen lassen.
3. Die frischen Beeren waschen. Das gefrorene Acaí-Püree mit den Bananen, den TK-Himbeeren (samt Saft), dem Guarana-Pulver und den Thaibasilikumblättern zu einem Eis-Smoothie pürieren. In vier Schüsseln füllen.
4. Beeren, Pistazien, Kakaonibs, Chia-, Hanf- und Brennnesselsamen zu gleichen Teilen auf die vier Bowls verteilen. Pro Portion eine Passionsfrucht aufschneiden und deren Inhalt mit einem Löffel herausschaben und über die Mischung geben.

Soulfood Bowl

1. Die Haferflocken für den Porridge mit einer Prise Salz in 400 ml Wasser langsam aufkochen, auf kleine Flamme stellen und mit Kokosmilch, Dicksaft und Vanillemark eindicken lassen, dann warm halten.
2. Eine Panierstraße bauen: Einen Teller mit Mehl, einen Teller mit Soja- oder Mandelmilch und einen mit Panko, gemischt mit Kokosraspeln, füllen. In dieser Reihenfolge neben dem Herd aufstellen.
3. Die Bananen in Stücke schneiden. Reichlich Kokosöl in einem kleinen Topf erhitzen. Währenddessen die Bananen erst in Mehl (vollständig bedecken, etwas andrücken), dann in der Milch, danach in den Panko-Kokos-Bröseln wälzen und sofort im heißen Öl backen.
4. Auf einem Küchentuch abtropfen lassen. Den Porridge auf vier Schüsseln verteilen, je 1 TL Erdnussmus und einen Spritzer Zitrone unterrühren. Mit je einer Portion Granola und je einem Viertel der krossen Bananen anrichten. Mit Blaubeeren garnieren.

Zutaten für 4 Portionen

120 g Haferflocken
1 Prise Salz
500 ml Kokosmilch
1 EL Apfel- oder Agavendicksaft
Mark von ½ Vanilleschote
2 Tassen Mehl
2 Tassen Soja- oder Mandelmilch
2 Tassen Panko-Mehl
1 Tasse Kokosraspel
4 rote Bananen (ersatzweise kleine, normale Bananen)
Kokosöl
4 TL Erdnussmus (ohne Salz)
4 Spritzer Zitronensaft
4 Portionen Granola (Rezept siehe Seite 57)
1 Handvoll Blaubeeren

Zubereitungszeit

ca. 30 Minuten (+ 30 Minuten für das Granola)

Erdnuss-Ofen-Granola

Zutaten für 12 Portionen
(ist etwas aufwendig, lässt sich aber prima vorbereiten)
180 g Erdnüsse
60 g gemischte Nüsse
85 g Bitterschokolade
360 g Haferflocken
180 g Apfel- oder Agavendicksaft
7 EL neutrales Öl
1 Prise Salz
1 EL Zimt

Zubereitungszeit
ca. 30 Minuten

1. **Den Backofen auf 175 °C** (Umluft 155 °C) **vorheizen.**
2. **Die Erdnüsse schälen, alle Nüsse und die Schokolade grob hacken. Dann alle Müsli-Zutaten vermengen, die Masse auf ein mit Backpapier belegtes Backblech geben und etwa 20–25 Minuten auf mittlerer Schiene rösten. Ab und zu durchmischen.**
3. **Anschließend vollständig auskühlen lassen und erst dann in ein luftdicht verschließbares Gefäß füllen.**

Indian Chocolate

Zutaten für 4 Portionen

1 daumennagelgroßes Stück Ingwer
½ TL Currypulver + etwas zum Bestreuen
1 Prise Muskat
1 Prise Salz und frischer fein gemahlener Pfeffer
200 g Amarant
1 Rippe Bitterschokolade
3 Avocados
5 EL Kakao
4 EL Kokosblütensirup
2 EL Haselnussmus
Saft von 2 Bio-Orangen und 1 EL Abrieb
1 EL Kokoscreme
etwas Mandelmilch
1 Mango
1 ½ Stangen Zitronengras
Abrieb von ½ Bio-Limette
Currypulver

Zubereitungszeit

ca. 45 Minuten

1. **Den Ingwer schälen und reiben. Zusammen mit etwas Curry, Muskat, einer Prise Salz, Pfeffer und dem Amarant in der doppelten Menge Wasser aufkochen und 20 Minuten köcheln lassen, dann die Herdplatte ausdrehen und weitere 10 Minuten ziehen lassen.**
2. **Währenddessen die dunkle Schokolade hacken. Zur Seite stellen. Dann die Avocados halbieren, ihr Fleisch in einen Mixbehälter geben und zusammen mit dem Kakao, dem Kokosblütensirup, dem Haselnussmus, dem Orangensaft und -abrieb und der Kokoscreme pürieren. Mit Mandelmilch bis zur gewünschten Konsistenz cremig rühren.**
3. **Die Mango schälen und das Fruchtfleisch in Würfel schneiden. Das Ende und das äußerste Blatt vom Zitronengras schneiden und die Stangen so klein wie möglich hacken. Die Bio-Limette waschen und die Schale der halben Frucht reiben. Mit den Mangowürfeln und dem Zitronengras vermischen.**
4. **Alles in einer Bowl anrichten und mit etwas Curry und Schokolade bestreuen.**

Green Smoothie Bowl

1. Die Gojibeeren in kaltem Wasser einweichen.
2. Den Spinat und den Apfel waschen, das Kerngehäuse aus der Frucht schneiden.
3. Die Banane, den Ingwer und die Ananas schälen und von Letzterer den Strunk herausschneiden. Alles grob zerkleinern und zusammen mit den Datteln, dem Spirulinapulver und Wasser pürieren, bis eine dickflüssige Konsistenz entsteht.
4. Auf vier Schüsseln verteilen. Nun die Beeren waschen und auf den Smoothies verteilen. Puffhirse daraufstreuen und Himbeerpulver darübersieben.

Zutaten für 4 Portionen

4 EL Gojibeeren
500 g Spinatblätter
1 großer aromatischer Apfel
1 Banane
1 daumengroßes Stück Ingwer
½ Ananas
8 Medjoul-Datteln (ohne Kern)
3 TL Spirulina
300 g frische Beeren
4 EL gepuffte Hirse
2 TL Himbeerpulver

Außerdem

sehr feinmaschiges Sieb

Zubereitungszeit

ca. 5 Minuten

Grundrezepte und Soßen

BBQ-Soße

Zutaten für ein Schraubglas

- 3 Knoblauchzehen
- 2 Schalotten
- 1 EL Chiliöl
- 1 gestrichener EL fermentierte schwarze Bohnen
- 250 g passierte Tomaten
- 1 EL Sojasoße
- 1 gestrichener EL Kokosblütensirup
- 1 TL Obstessig
- 1 EL Aroniagelee
- 1 EL Rauchpaprika
- 1 TL Sriracha
- 1 TL Oregano
- Rauchsalz
- Pfeffer

1. **Den Knoblauch und die Schalotten schälen und klein schneiden. Im Chiliöl anbraten.**
2. **Die fermentierten Bohnen unter fließendem Wasser gründlich abspülen und in den Topf geben, kurz anschwitzen und alle übrigen Zutaten untermischen.**
3. **5 Minuten leicht köcheln lassen, dann vom Herd nehmen.**
4. **Die Soße pürieren und in ein Schraubglas füllen. Hält sich nach dem Öffnen ein paar Tage im Kühlschrank.**

Avocado-Hummus

Zutaten für 4 Portionen

- 100 g Kichererbsen (getrocknet)
- 1 TL Senfsamen
- ½ Bund Koriander
- 2 Knoblauchzehen
- 1 reife Avocado
- 3 EL Tahin
- 7 EL Zitronensaft
- 1 TL Dijonsenf
- 50 ml Olivenöl + 2 EL extra
- ½ TL Kreuzkümmel
- frisch gemahlener Pfeffer und Meersalz

1. **Die Kichererbsen mindestens 24 Stunden einweichen. Dann das Wasser abgießen, die Kichererbsen gründlich waschen und in einem Topf, mit frischem Wasser bedeckt, ca. 1 Stunde kochen.** (Werden die Kichererbsen nur über Nacht eingeweicht, kann die Kochzeit bis zu 2 Stunden betragen, damit sie weich genug für cremigen Hummus sind. Muss es mal schnell gehen, kann man auch Kichererbsen aus der Dose nehmen. Die können direkt weiterverarbeitet werden.)
2. **Fertig gegarte Kichererbsen abgießen, kalt abbrausen und auskühlen lassen.**
3. **Die Senfsamen ohne Fett kurz anrösten. Zur Seite stellen.**
4. **Den Koriander waschen, den Knoblauch und die Avocado schälen und den Kern aus der Frucht herauslösen. Nun alle Zutaten (mit Ausnahme der 2 EL zusätzlichen Olivenöls und der Senfsaat) in einem Mixer pürieren. Mit Pfeffer und Salz abschmecken, den Hummus in eine Schale füllen und den Rest Olivenöl darübergießen. Mit Senfsaat bestreuen.**

Erdnuss-Dip

Zutaten für 4 Portionen

- 1 kleine Schalotte
- 1 Knoblauchzehe
- 1 TL Erdnussöl
- 3–4 EL Erdnussmus (crunchy)
- 200 ml Wasser
- 2 EL Sojasoße
- 1 EL Reisessig
- ½ TL Sriracha
- Saft von 1 Limette
- 1 TL Reissirup

1. **Die Schalotte und den Knoblauch schälen, fein hacken und in einem kleinen Topf im Öl anbraten.**
2. **Alle übrigen Zutaten einrühren, kurz aufköcheln lassen und vom Herd nehmen.**
3. **Vor dem Servieren abkühlen lassen.**

Mango-Chili-Soße

Zutaten für 4 Portionen

1 ½ Mangos
2 Stängel Minze
1 Knoblauchzehe
Saft und Abrieb von 1 Bio-Limette
2 TL Sriracha
1 frische Chilischote (nach Bedarf)
1 TL Schwarzkümmel
Salz

1. **Die Mangos schälen** (die zweite Hälfte der zweiten Mango kann für das Hauptrezept der Sommerrollen auf Seite 33 verwendet werden), **das Fruchtfleisch vom Kern schneiden und in einen Mixer geben.**
2. **Die Minze waschen, den Knoblauch schälen und beides mit dem Saft und Abrieb der Limette, der Srirachasoße und – wer es schärfer mag – einer frischen Chilischote zur Mango geben. Alles pürieren.**
3. **Schwarzkümmel unter den Dip mischen und mit Salz abschmecken.**

Tahin-Dressing

Zutaten für 1 Schraubglas

6 Limetten, davon 2 Bio-Limetten
6 EL Tahin
3 TL Apfeldicksaft
9 TL Sojasoße
3 TL Reisessig
1 EL Dijonsenf
1 ½ TL Chilipulver
6 TL Instant-Reismiso
Pfeffer und Salz

1. **Von zwei Bio-Limetten die Schale reiben, dann alle sechs Früchte auspressen.**
2. **Abrieb und Saft zusammen mit den übrigen Zutaten im Mixer sahnig rühren, mit Pfeffer und Salz abschmecken und in einem Glas luftdicht verschließen. Hält im Kühlschrank 2–3 Tage.**

Fünf-Gewürze-Mischung

Zutaten für ein kleines Schraubglas

5 EL Fenchelsaat
5 EL Kreuzkümmel
5 EL Schwarzkümmel
5 EL helle oder schwarze Senfsaat (am besten gemischt)
5 EL Bockshornkleesamen

1. **Die Samen im Ganzen in ein Schraubglas füllen und durch Schütteln vermischen. Dunkel aufbewahren.**
2. **Erst mörsern, wenn man die Mischung für ein Rezept verwenden will, sonst geht das Aroma verloren. Kurzes Anrösten verleiht den Gewürzen dann eine intensivere Note.**

Gemüsebrühe

Zutaten für etwa 3 l

1 kg Suppengemüse
1 Handvoll Liebstöckel
2 Zwiebeln
1 Knoblauchzehe
3 Lorbeerblätter
3 Wacholderbeeren
3 Pimentkörner
3 Kaffirlimettenblätter
2 Nelken
3,5 l Wasser

1. **Das Suppengemüse putzen, das Liebstöckel waschen, die Zwiebeln und den Knoblauch schälen und alles grob klein schneiden. In einen Topf geben.**
2. **Die Gewürze und das Wasser dazugeben, aufkochen lassen und dann die Hitze herunterdrehen. Alles mindestens eine halbe Stunde köcheln lassen.**
3. **Nun den Fond durch ein Sieb auffangen und weiterverwenden oder als Grundlage für Gerichte einfrieren.**

Register